AF573380

SEPT QUARTS D'HEURES
DRAMATIQUES,
OU
LES ÉTRENNES ET LE CARNAVAL
DES JEUNES GENS,
PAR PROSPER FRÉDÉRIC.

DÉDIÉ AUX AMATEURS SES TRÈS-CHERS CAMARADES.

Brochure composée de deux petites pièces de circonstance, l'une ayant pour titre: *Malinot et Fricotin*, pièce burlesque en un acte et en vers; l'autre : *Le Jardinier, ou Cécile et Urbin*, comédie-vaudeville historique en un acte, précédée d'une *Préface* et d'une *Oraison* ou *sourde Prière aux Journalistes*, du même auteur.

« L'étude parmi nous enfante le plaisir. »
Employons bien le temps avant que de mourir.

PRIX, 2 FRANCS.

PARIS,
CHEZ DELAVIGNE, LIBRAIRE,
RUE BOURG-L'ABBÉ, PASSAGE DE L'ANCRE;
CHEZ L'AUTEUR, RUE SAINT-MARTIN, N° 179;
ET CHEZ LES MARCHANDS DE NOUVEAUTÉS.

1826.

IMPRIMERIE D'ÉVERAT,
rue du Cadran, n° 16.

MES TRÈS-CHERS CAMARADES,

Il m'est doux de voir que quatre à cinq années se sont écoulées, et que vous vous souveniez encore de moi. C'est avec un vif plaisir que je me suis empressé de répondre à vos désirs, en faisant imprimer les deux petites pièces que vous me réclamez, en souscrivant d'avance pour un grand nombre d'exemplaires. Je suis fâché que ce soit pour des œuvres aussi légères; cependant, malgré la faiblesse de leur mérite, je crois répondre à votre bon souvenir et vous prouver ma reconnaissance, en vous offrant la dédicace de ces deux petits ouvrages. Trop heureux de pouvoir vous prouver, par ce faible hommage, combien je cherche à me rendre digne de l'honneur que vous voulez bien me faire.

Agréez la considération distinguée avec laquelle j'ai l'honneur d'être,

MES TRÈS-CHERS CAMARADES,

Votre très-dévoué
et très-reconnaissant serviteur,

PROSPER FRÉDERIC.

AMENDE HONORABLE,

DISCOURS PRÉLIMINAIRE, AVANT-PROPOS,

PRÉFACE, AVIS, ETC., COMME ON LE VOUDRA.

Mon Père eut beaucoup de goût dans sa jeunesse pour les ouvrages de mœurs et de littérature ; il fréquentait souvent les spectacles et les théâtres. Je me rappelle encore qu'étant en bas âge, il me faisait sauter sur ses genoux, et me chantait les airs d'opéra et de vaudeville qu'il avait vu représenter : quand je fus plus grand, il me déclama des tirades des comédies du grand Molière, et autres auteurs distingués, des morceaux des tragédies de Corneille, Racine et Voltaire. A l'âge de douze ans on me plaça petit clerc chez un receveur, dans une ville de province; comme on n'y jouait la comédie que lorsqu'il passait par hasard une troupe de comédiens, l'envie de voir la capitale et les spectacles en beau et en grand, fit que je vins à Paris avant l'âge de quatorze ans. Mon premier desir en arrivant dans cette grande cité, était de visiter de suite les théâtres; mais on avait sans m'en rien dire, prévu le cas, et ce ne fut qu'un an après que je pus me satisfaire, car, on me fit bien passer par cette belle ville, mais j'habitai d'abord dans les environs; enfin, n'y pouvant résister, un beau jour je m'échappe, et je cours aux boulevards, je me jette dans la foule, je prends la queue, et je me trouvai avoir par hazard donné la préférence au théâtre de la Gaîté ; à cette époque on y donnait le *Chien de Montargis* et le vaudeville du *Sabre de Bois* ou *la Revue du Roi*. Il fut bientôt mis de côté, parce que sans doute cette petite pièce était beaucoup plus gaie et plus spirituelle que bien des rapsodies que j'ai vues depuis, et qui n'obtiennent la préférence qu'à force d'intrigues. C'était la première fois que je voyais un théâtre un peu pompeux : je ne sais si j'avais bon goût, mais malgré la beauté de la pièce et de ses décors, le vaudeville me plut d'avantage. J'étais venu à Paris pour être secrétaire d'un général, qui habitait, pour se refaire, une petite maison de plaisance près Paris; il fut bientôt obligé de changer de garnison; j'étais trop jeune pour le suivre, il me plaça chez un Procureur (impérial à cette époque) près la cour de cassation. Comme il occupait d'autres places importantes dans l'Etat, il fut comme bien d'autres obligé de s'expatrier en 1815; je perdis donc mon patron et ma place. Alors je me livrai au commerce, j'entrai dans une maison de banque, où je fus tour à tour chargé de la tenue des livres et de la correspondance; j'y restai cinq années, libre de disposer de mes soirées, je les passais à l'étude et au spectacle, tantôt faisant des vers pour les actrices, tantôt composant des comédies et vaudevilles, n'ayant d'autre but et d'autre ambition que d'obtenir des entrées aux théâtres, pour alléger mon budget de dépense; je ne sais si mes vers étaient meilleurs que mes ouvrages, mais j'eus plus de succès près des Actrices que près des Directeurs. MM. les Directeurs ou Régisseurs des théâtres trouvaient mes petites pièces pleines d'esprit, de gaîté, de tristesse et de sentiment tout à la fois, et m'écrivaient des lettres charmantes pour me dire qu'ils n'en voulaient pas. Les vers imparfaits aux Actrices, m'ouvrirent les portes, et les ouvrages excellens me les auraient fermées. Ne voyant pas moyen de faire jouer mes pièces par des acteurs de mérite, devant un public payant, je les fis représenter par des amateurs, devant un public non pas indulgent, car on est toujours plus difficile quand on reçoit que lorsque l'on donne; enfin on me rendit justice, c'était tout ce que je demandais; je profitai de quelques sages conseils qui me furent donnés par des personnes d'une critique judicieuse, et je laissai dormir les Muses. Aujourd'hui, livré à des opérations de commerce d'un produit sûr et honnête, près d'une compagne chérie, je trouve des consolations, et un bonheur qui m'était inconnu.

En reprenant la plume pour faire amende honorable et livrer aux dangers de la critique, au public et aux amateurs, mes très-chers Camarades, deux ouvrages que je composai en 1819 et 1820, pour nos soirées amusantes, je réclame d'avance l'indulgence en faveur de la circonstance. Le premier ouvrage, *Malinot et Fricotin*, *tragédie burlesque, parodie des parodies, en un acte et en vers.* Je rassemblai dans ma mémoire plusieurs vers d'une petite parodie que mon père avait vue à Lyon, et dont il m'a souvent déclamé le peu qu'il se rappelait, vu que cela m'amusait fort. Mon intention d'abord, était de composer une parodie de la première tragédie nouvelle que l'on donnerait au Théâtre Français. Louis IX, de M. Ancelot, était annoncé; j'assistai à la première représentation : le sujet ne prêtant pas à la circonstance, je renonçai à mon projet, et m'attachai alors à parodier tous ensemble les vers du grand Corneille, Racine et Voltaire; je fis représenter ma pièce par des amateurs et elle obtint quelque peu de succès.

Le second ouvrage, *le Jardinier*, ou *Cécile et Urbin*; tout en est historique, excepté les noms et quelques scènes que j'ai dû changer : je fus invité à aller dîner en 1820 dans une campagne aux environs de Paris, pour assister aux accords du fils d'un brave, mort dans les champs de la gloire, avec la fille de M. D***, homme riche, bienfaisant et plein d'honneur, qui habitait une jolie propriété où se fit la réunion. Les personnages, les caractères, les scènes entre Cécile et Urbin et les faits racontés, sont tels qu'ils ont eu lieu avant le mariage des jeunes gens. Lorsque nous rejouâmes la pièce en société, je crus qu'elle perdrait tout son mérite, étant jouée devant des personnes indifférentes aux motifs qui me l'avaient fait composer. J'avais fait des changemens; l'accueil qu'elle reçut passa mes desirs : je fus détrompé avantageusement en voyant que malgré la faiblesse de l'intrigue, l'ouvrage avait fait plaisir.

Enfin je desire que la critique et le public voient d'un œil indulgent le motif qui m'oblige à livrer aujourd'hui à l'impression mes deux ouvrages, et que mes très-chers Camarades en retirent la satisfaction qu'ils en espèrent ; j'aurai alors participé à leur plaisir, et retiré plus que je n'attendais du fruit de quelques momens de veille.

ORAISON OU SOURDE PRIÈRE

A MES ENNEMIS ENCORE INCONNUS.

PATIENCE !..... PATIENCE !..... MON AMI.

O vous Folliculaires, Rédacteurs et Journalistes, qui distillez le poison de la critique ! tigres affamés dévorant les renommées, bourreaux des malheureux Auteurs, j'avais su hélas ! éviter votre griffe ; qui me préservera de votre rage, quand je viens vous offrir un repas splendide ? Tombez donc sur votre proie, puisque le sort veut que je sorte enfin des ténèbres où je dormais depuis long-temps d'un sommeil paisible.

Il est vrai que les de Jouy, les Casimir-Delavigne, les Arnault, les Picard, les Duval, et tant d'autres, vous ont jeté quelques perles, mais elles n'ont pu vous servir de pâture ; vous devez dévorer de vos yeux l'astre qui va paraître ; épargnez au moins une mère encore dans les douleurs, elle connaît sa faiblesse ; les deux jumeaux qu'elle met au monde à cinq ans, n'ont bien que quelques heures d'existence ; leur vie est semblable à un grand vent abattu par la pluie, ils seront morts avant que d'arriver jusqu'à vous. Que votre silence soit la planche qui les soutiendra quelque temps à vau-l'eau, il viendra toujours assez de vagues pour les emporter dans le fleuve de l'oubli.

MALINOT ET FRICOTIN,

OU

LES DEUX RIVAUX,

PIÈCE BURLESQUE ET DE CARNAVAL,

PARODIE DES PARODIES,

EN UN ACTE ET EN VERS,

PAR PROSPER FRÉDÉRIC.

« L'etude parmi nous enfante le plaisir. »
Employons bien le temps avant que de mourir.

PARIS,
CHEZ DELAVIGNE, LIBRAIRE,
RUE BOURG-L'ABBÉ, N° 34, PASSAGE DE L'ANCRE;
ET CHEZ LES MARCHANDS DE NOUVEAUTÉS.

1826.

PERSONNAGES.

MALINOT, traiteur.
FRICOTIN, premier chef de cuisine.
TOUCHEAUPOT, confident de Fricotin.
BALADIN, confident de Malinot.
FAGOTINE, amante de Fricotin.
MARMITONS, etc., etc.

(La Scène est devant la porte de Malinot.)

Le théâtre représente, dans le fond, une grande route des environs de Paris; quelques maisons à droite; à gauche, l'auberge de Malinot; à côté, au deuxième plan, une porte allant dans une cour.

MALINOT ET FRICOTIN,

OU

LES DEUX RIVAUX.

SCÈNE PREMIÈRE.

FRICOTIN, TOUCHEAUPOT.

TOUCHEAUPOT.

Illustre Fricotin, fiez-vous à mon zèle ;
Toucheaupot est pour vous un serviteur fidèle :
Je suis le plus discret de tous les marmitons.

FRICOTIN, *avec mystère.*

Parle plus bas, ami. Tu sais que nous partons?
As-tu vu Fagotine?

TOUCHEAUPOT.

Oui, prince : elle sommeille.
Mais vous, avant le jour, quel démon vous éveille?

FRICOTIN.

Ah! c'est un ange!

TOUCHEAUPOT.

Diable! Eh bien, que voulez-vous?

FRICOTIN.

De Fagotine, enfin, je veux être l'époux.

TOUCHEAUPOT.

Je connais vos projets, je commence à comprendre.
Expliquez-vous, seigneur, qu'allons-nous entreprendre?

FRICOTIN.

Tu connais mon amour; le dessein en est pris;
Je veux dès aujourd'hui.....

TOUCHEAUPOT.

Quoi ?

FRICOTIN.

Quitter le pays.
Malinot trop long-temps a gouverné mon ame;
Trop long-temps son pouvoir m'a fait cacher ma flamme ;
Il faut, dès aujourd'hui, qu'elle éclate à ses yeux :
Je ne puis désormais lui déguiser mes feux.
Depuis plus de six mois, j'adore Fagotine.
Cet amour excessif est né dans la cuisine;
Près d'elle, à ses côtés, j'ai vu naître mon feu,
Mon amour, mon ardeur.

TOUCHEAUPOT.

C'en est trop.

FRICOTIN.

C'est trop peu.
Ah! ce n'est pas assez : je veux à cette belle
Prouver combien je l'aime, et m'enfuir avec elle.
Je te parle en ami ; sur le point de partir,
Je te sais trop prudent pour vouloir te mentir.
Vois quel est Fricotin. Tu n'es pas sourd ; écoute ;
Connais notre projet. Tu peux croire, sans doute,
Que jamais marmiton, ni même cuisinier,
Ne forma de dessein plus grand, plus singulier.
Par mes nouveaux efforts juge de ma tendresse ;
Mon amour a vaincu mon aimable maîtresse ;
Elle fait son paquet : ainsi, cher Toucheaupot,
Je l'enlève aujourd'hui.

TOUCHEAUPOT.

Vous n'êtes pas un sot.

FRICOTIN.

Si tu veux, à présent, me témoigner ton zèle,
Il faut escamoter avec moi cette belle.

Elle consent à tout; et je crois que ce jour
Verra récompenser le plus parfait amour.
Voici le rendez-vous. Va-t'en; je vais t'attendre;
Si tu veux me servir, bientôt j'irai te prendre.

TOUCHEAUPOT.

Employez-moi, seigneur, et vous verrez au moins
Qu'en tous lieux je vous sers et préviens vos besoins.

FRICOTIN.

Avant notre départ, va visiter l'office:
Toucheaupot, mange bien; c'est me rendre service.
J'entends quelqu'un. C'est elle. Allons, quitte ces lieux.

TOUCHEAUPOT.

Mais, seigneur, la douleur est peinte dans ses yeux.

(*Il sort, et Fagotine paraît.*)

SCÈNE II.

FRICOTIN, FAGOTINE.

FRICOTIN.

Venez, venez calmer ma vive impatience.
Mais pourquoi.....

FAGOTINE.

Cher amant, je perds toute espérance
De partir ce matin.

FRICOTIN.

Grands dieux! quel embarras!
Mais qui peut arrêter et suspendre nos pas?

FAGOTINE.

Malinot. Il s'éveille; on dirait qu'il médite.
Il faut, si tu m'en crois, retarder notre fuite.

FRICOTIN.

Ciel! ô ciel!

FAGOTINE.

A l'instant il vient de se lever.

FRICOTIN.

Retarder !.....

FAGOTINE.

Si tu m'aime, il faut me le prouver.

FRICOTIN.

Lorsque vous en doutez, vous me faites outrage.
Mais vous ?

FAGOTINE.

Je suis toujours pleine.... de ton image;
Mais hélas ! Fricotin, puis-je compter sur toi ?

FRICOTIN.

Ah ! mon amour pour vous ne mourra qu'avec moi;
Et j'ose prendre ici pour témoin de ma flamme....

FAGOTINE.

Ta parole suffit pour rassurer mon ame.
Je ne veux point de toi, demander des jurons,
Légers et vains garans des feux des marmitons.
Tu braves Malinot; ma frayeur est éteinte :
Je crains la faim, la soif, et n'ai plus d'autre crainte.

FRICOTIN.

Laissons jaser le peuple, et d'ailleurs l'inconstant,
Approuvera demain ce qu'il blâme à présent.
Ne redoutons plus rien, pas même la famine :
Peut-on mourir de faim quand on fait la cuisine ?

FAGOTINE.

Adieu ! séparons-nous pendant quelques instans,
Je pense comme toi ; tes nobles sentimens
Font passer dans mon cœur une force nouvelle;
Je crains que l'on m'observe, et mon devoir m'appelle.
Pour ôter tout soupçon je retourne là-bas ;
Mais je vais en courant, marcher à petits pas.

SCÈNE III.

FAGOTIN *seul.*

Si j'en croyais mon cœur, je suivrais Fagotine;
Mais l'heure, malgré moi, m'entraîne à la cuisine.
Qui ferait mon devoir? ce n'est pas l'apprenti.
Je vais manger la soupe; il est bientôt midi.
(*Il va pour sortir.*)

SCÈNE IV.

Le Même, TOUCHEAUPOT.

TOUCHEAUPOT, *l'arrêtant.*

Seigneur!

FRICOTIN.

Que veux-tu?.... parle.

TOUCHEAUPOT, *avec mystère.*

On ne peut nous entendre.
Malinot est là-bas, et je viens vous l'apprendre.

FRICOTIN.

Ne crains rien, Toucheaupot, je le sais...

TOUCHEAUPOT.

En ce cas,
Puisque vous le savez, je ne vous l'appreuds pas.
Je ne sais quel démon le tourmente et l'agite:
Il a, dans sa fureur, renversé la marmite.
Ensuite il la relève, et d'un air inquiet,
Il y met des oignons, les ôte et les remet.
Puis, parlant tout-à-coup de sang et de carnage,
Il vole au poulailler, pour assouvir sa rage;
(*avec douleur*)
Égorge six poulets..... Ah! je l'ai vu, seigneur!
Pardon si ce récit éveille ma douleur;
Mais moi-même j'avais élevé leur enfance,

Et lorsqu'un fer cruel trahit mon espérance,
Il doit m'être permis, dans ces tristes instans,
De pleurer sur le sort de ces six innocens.

FRICOTIN.

J'approuve ta douleur; mais changeons de langage :
As-tu tout arrangé pour notre grand voyage?
Puis-je compter sur toi ?

TOUCHEAUPOT.

Grand prince tout est prêt.

FRICOTIN.

Que ne te dois-je pas pour un pareil bienfait,
Aussi je te promets!...

TOUCHEAUPOT.

Promesses indiscrettes...

FRICOTIN.

Accepte, je t'en prie, un cent de ciboulettes.

TOUCHEAUPOT.

Vous ressemblez, seigneur, à ces grands conquérans,
Qui, pleins du plus beau feu, gagnent leurs confidens.
Moi je n'exige rien; éprouvez ma constance!
Si vous êtes content voilà ma récompense :
Éprouvez ma valeur! Mon courage est certain,
Employez-moi, seigneur! Toucheaupot ne craint rien.

FRICOTIN.

Ciel! qu'entends-je?...

TOUCHEAUPOT, *effrayé.*

Quel bruit, ah! tout mon sang se glace.

FRICOTIN.

C'est Malinot qui vient.

TOUCHEAUPOT.

Cédons lui notre place!

FRICOTIN.

Tu trembles!

TOUCHEAUPOT.

Non, mais je...

FRICOTIN.

Dissipe tes frayeurs.

TOUCHEAUPOT.

Je suis saisi, partons! car je crains ses fureurs.

(*Il sortent.*)

SCÈNE V.

MALINOT (*arrivant dans le plus grand désordre.*)

Ah! laissse-moi du moins reprendre mon haleine!
Hélas! ne vois-tu pas que je respire à peine.
Laisse-moi, songe affreux, qui toujours me poursuit,
Laisse-moi, c'est assez de m'effrayer la nuit....

(*Plus tranquille.*)

Oui, pendant mon sommeil, j'ai cru voir ma maîtresse,
Son paquet sous le bras, et bravant ma tendresse,
Fuir avec Fricotin! ce songe m'accablait,
Le front couvert de sueur, assis sur mon chevet,
Je voyais mon rival qui, d'une main hardie,
M'arrachait mon bonnet : ah! quelle barbarie!
Je m'éveille en sursaut, je me frotte les yeux,
Et pour me rassurer, je descends en ces lieux......
Enfin je suis trahi, je n'ai plus d'espérance;
Un de mes marmitons avoir la préférence,
Et sur moi l'emporter!....Je serai leur bourreau;
Oui, je les veux tous deux voir descendre au tombeau.

SCÈNE VI.

Le Même, BALADIN.

BALADIN.

Seigneur!

MALINOT.

Que me veux-tu ?...

BALADIN.

J'ai pris avec adresse,
Ce petit billet doux, écrit à la Princesse.

MALINOT.

Donne ? Qui le portait ?

BALADIN.

Un de vos marmitons.

MALINOT.

L'ingrat...Que vais-je apprendre, ô Ciel! enfin lisons.

BALADIN.

Lisez; probablement ce sont des amourettes,

MALINOT.

Permets que, pour mieux voir, je mette mes lunettes.

(*Il lit*).

« Ma chère petite Fagotine,

» Dépêchez-vous de venir me trouver ne craignez rien » pour la vertu de votre innocence : croyez qu'il n'y a rien » d'impur dans mon cœur, ni plus ni moins que dans la » casserole que vous avez nettoyée hier près des fourneaux, » où embrasé de mon amour, je vous parlais de ma flamme. » Adieu, je vous attends pour calmer l'embrasement du feu » qui me dévore.......Fricotin.

» *P. S.* Acceptez ce cachemire de l Inde : au point où » nous en sommes, cela ne souffre pas la moindre diffi- » culté. »

MALINOT à BALADIN.

On se moque de moi; qu'en penses-tu ?

BALADIN.

Seigneur !
Voyez donc le paquet.

MALINOT.

Un don! la belle ardeur :
Je te ferai changer, c'est être plus que bonne.
Ah! tu reçois de lui des étrennes, mignonne!
Dans peu je te ferai danser ailleurs qu'au bal.....

BALADIN.

Ne la déguisez pas avant le carnaval.

(MALINOT *donnant le billet à* BALADIN.)

Admire du poulet l'élégante tournure.

BALADIN.

Je me suis attendri de sa seule lecture.

(MALINOT *ouvre le paquet ; il contient un mouchoir de coton*).

à Baladin.

Tiens , vois ce cadeau , vois! dis-moi quel châtiment
Mérite la cruelle, et son perfide amant.

BALADIN.

Je ne vois qu'un moyen, il faudrait s'en défaire.

MALINOT.

Montre que tu sais l'art de te mettre en colère.

BALADIN.

Je veux, puisque j'y suis , m'en donner tout mon soûl :
Qu'à défaut d'un poignard, on leur torde le cou.

MALINOT.

Bien, mon cher Baladin, seconde mon délire ,
Rends-toi chez Fagotine, à me venger j'aspire.

BALADIN.

J'y vole , et de ce pas ?

MALINO.

Reste, écoute-moi bien :
Je voudrais avec elle un moment d'entretien.
Ah ! combien mon amour se prête à ma vengeance !
Je verrai Fricotin , un combat à outrance......
Mes doutes sont certains ; ils trahissaient ma foi ,
Ils s'entendaient tous deux , se parlaient malgré moi.
Je saurai me venger : ma fureur est extrême.
Fagotine surtout, je veux la tuer moi-même ,
Qu'on la fasse venir....Mais non, j'aimerais mieux ,
Qu'on allât les chercher , et qu'ici tous les deux

Je les visse périr....Non, si tu veux m'en croire,
Va-t'en plutôt là-bas, et d'un coup de lardoire.
Je veux que Fagotine....Ah ! Je ne veux plus rien:
Un Fauteuil, je me meurs!...Qu'en dis-tu ?

BALADIN.

C'est très-bien ?

MALINOT (*après une pause*).

Je pourrais comme un autre, employer la clémence,
A force de bienfaits, punir son insolence.
Pardonner, la servir, l'unir à son amant....
Mais que dis-je ? grands Dieux ! quel triste dénoûment ;
A de plus grands tourmens elle doit bien s'attendre.
Premièrement tous deux, je veux les faire pendre,
Ensuite nous verrons, qu'ils se parlent d'amour !
Je fais manger leurs corps aux oiseaux d'alentour.
Pardonner ! Éloignons cet excès de faiblesse,
Et rentrons en fureur pour prolonger la pièce.
Holà ? du monde, à moi !

(*Tous les marmitons paraissent*).

Arrivez tous ici ?
Qu'on cherche Fricotin, qu'il vienne.

SCÈNE VII.

Les Mêmes, FRICOTIN, Marmitons.

FRICOTIN.

Me voici.

MALINOT.

Oui, ma foi, c'est lui-même; ah! grands dieux, quelle allure!
Il a l'air d'un César: quelle mésaventure!
On disait hier encor, qu'il serait raccourci,
Et moi, comme un benet, j'ai tout cru jusqu'ici.....
Mon esprit est si plein du courroux qui m'anime,
Qu'à peine si je puis encor trouver la rime.

Approche, Marmiton ! tiens, reçois nos mépris ;
Voilà de tes forfaits, la honte et les profits.
Indigne séducteur ! ton audace est extrême,
D'oser me disputer une fille que j'aime.
Orgueilleux Fricotin, sais-tu bien qui je suis ?
Connais-tu Malinot? crois-tu qu'il t'est permis
D'oser braver ton chef? Si j'étais en colère,
Je t'apprendrais bientôt qu'il faut savoir.....

FRICOTIN.

Vous taire :
Je dois parler aussi, je crois que c'est mon tour.

MALINOT.

Si l'on veut, car enfin..... mais parle.....

FRICOTIN, *avec humeur.*

Mon amour,
Vous le savez, seigneur, est tout à Fagotine :
Je garantis sa foi ; personne,....

MALINOT.

Il m'assassine.

BALADIN.

Quel homme !

MALINOT, *amicalement.*

Fricotin, parlez avec douceur ;
Respectez votre maître et montrez moins d'humeur.

FRICOTIN.

Mon maître !..... ignores-tu, Marmiton téméraire,
Que le persil rampant au niveau de la terre,
Et le poireau hardi, dont le front orgueilleux
S'élève fièrement en menaçant les cieux,
Rentrent, sous ce couteau, dans la même marmite.
Les cuistres sont égaux, je crois, par leur mérite :
Là, le rang n'y fait rien ; et lorsqu'un marmiton
Sait faire la cuisine, il peut se faire un nom.

Chez Véri l'on m'a vu, dans mes ragoûts, sublime,
De ses meilleurs gourmets, me mériter l'estime :
J'embrochais la volaille.....

MALINOT.

Un talent si vanté.....
On reconnaît le mien ; et si la vanité
Me permettait ici.....

FRICOTIN.

Tu n'es pas ce qu'on pense :
Le cuisinier français ; et voilà ta science.

MALINOT.

Prépare-toi..... voilà le gage du combat,
L'oses-tu ramasser ?

(*Il jette son bonnet.*)

FRICOTIN, *avec chaleur et ramassant le bonnet.*

Voyons le résultat ?

MALINOT.

Tu me pousses à bout ; allons, viens, téméraire !

BALADIN.

Des cuisiniers français tel est le caractère !

FRICOTIN.

Marchons : viens, Malinot, recevoir le trépas,
Si ce couteau répond aux efforts de mon bras.....
Allons, il faut voler où la gloire m'appelle,
Je cours, et je reviens, digne de cette belle.
A ma juste fureur immolons Malinot,
Ensuite nous irons nous emplir le jabot.

MALINOT.

Va, mon cœur est aussi digne de Fagotine ;
Crois-moi, fais tes adieux à toute la cuisine.
Vous, braves marmitons, ouvrez la basse-cour :
C'est là le champ d'honneur choisi par notre amour.

Goujat des marmitons ! dans ma juste colère,
De ta carcasse enfin je délivre la terre;
Car, jourbleu! je te vais munir de passeports,
Pour aller aujourd'hui cuisiner chez les morts.

SCÈNE VIII.

BALADIN, *seul.*

Adieu donc..... la valeur les mène à la tuerie.
Ah! vivent les héros de la poltronnerie!
Qu'ils se battent tous seuls; par ma foi, leurs exploits
Ne peuvent me tenter; on ne meurt qu'une fois.....
Pourtant, si j'étais là; Baladin, du courage!
Oui je pourrais encor prévenir le carnage,
Courons..... Non, je ne puis séparer ces amans;
Je dois rester ici pendant qu'ils sont absens.
Chacun à sa besogne en ces lieux; et la mienne
Est de rester ici pour occuper la scène.
C'est dans la basse-cour qu'ils ont porté leurs pas.

SCÈNE IX.

BALADIN, FAGOTINE.

FAGOTINE, *tout émue.*

Ah! mon cher Baladin, va-t'en vîte.....

BALADIN.

Non pas.

FAGOTINE.

Je voudrais prévenir l'effet de leur colère.

BALADIN.

Ils vont se tuer pour vous, il faut les laisser faire.

FAGOTINE *à elle-même.*

O mon cher Fricotin! je crains que nos amours
Ne fassent mon malheur en abrégeant tes jours.

BALADIN.

Ce serait triste aussi; mais divine princesse
Il faut vous consoler; car enfin la tristesse
Flétrirait...

FAGOTINE.

Tes conseils excitent mes mépris :
Laisse-moi !... Qui pourrait dissiper mes ennuis ?...
J'aperçois Toucheaupot, confident de son maître....
Mais ses pleurs disent tout, et me font trop connaître

SCÈNE X.

Les Mêmes, TOUCHEAUPOT.

FAGOTINE, *allant à lui.*

Dis-moi si Fricotin...

TOUCHEAPOT.

Ah ! qu'il est douloureux.

FAGOTINE.

Il est mort.

TOUCHEAUPOT.

Pas encor ; mais il n'en vaut pas mieux :
C'en est fait de ses jours; bientôt il va descendre....
Lisez-vous bien ?

FAGOTINE.

Pourquoi ?

TOUCHEAUPOT.

C'est que je dois vous rendre
Un chiffon de papier qu'il a tracé pour vous.

FAGOTINE.

Que ferai-je grands dieux ?

TOUCHEAUPOT.

Prenez ce billet doux.

FAGOTINE.

Non, parlez.

TOUCHEAUPOT.

Excusez, c'est trop triste, et je n'ose.

FAGOTINE.

Je vous ordonne au moins d'en dire quelque chose.

TOUCHEAUPOT.

Ciel! sur quel air chanter pour ne pas radoter.

FAGOTINE.

Dans le plus grand détail il faut tout raconter.

TOUCHEAUPOT (*il tousse, il crache, il se mouche et prend une prise de tabac.*)

Phébus, lance ici bas un regard de tendresse :
Soutiens ma faible voix ; enfin avec adresse,
Guide le plus craintif de tous les confidens.
Je conte le combat de deux grands combattans :
Ce début n'est pas mal ; écoutez donc le reste,
Je vais vous raconter cet accident funeste ;
Ne pleurez pas encore, attendez donc la fin.
Figurez-vous d'abord voir ici le terrain.
Ils arrivent tous deux, l'un et l'autre s'arrêtent :
La joie est sur leur front, au combat ils s'apprêtent.
La lèchefrite au bras, la lardoire en avant,
C'était, pour nous, madame, un divertissement.
Ils font briller tous deux le feu de la colère :
Fricotin, que l'amour à rendu téméraire,
Menace Malinot ; ses yeux, pleins de courroux,
Disent que son rival va tomber sous ses coups.
Il s'élance... mais l'autre évite son émule.
Quand Fricotin avance, aussitôt il recule.
Le triomphe, madame, est long-temps incertain,
Et de ce grand combat on attendait la fin.
Le hardi Malinot, que poussait une bise,
Approche son rival ; mais quelle est ma surprise,
Lorsque sur la poussière, à mes yeux étonnés,
Il jette Fricotin, qui tombe sur le nez....

Je vois votre douleur, comment dire le reste.
Enfin de sa lardoire il lui perce la veste,
Insulte à son malheur, et prenant son essor,
Il avance, il recule, il fuit et court encore.

FAGOTINE.

Parle vrai, Toucheaupot, c'est là toute l'histoire?

TOUCHEAUPOT.

Oui, madame, c'est tout, car j'ai bonne mémoire.

FAGOTINE.

Jusqu'ici c'est fort bien, mais je dois la finir,
Et comme sa maîtresse il faut m'évanouir.

BALADIN.

Madame, et Malinot, cependant il espère....

FAGOTINE.

Lui, prétendre à ma main, et que pourrais-je en faire?

BALADIN.

Le conduire à l'autel...

FAGOTINE.

N'achève pas! jamais.
(*S'adressant à Toucheaupot.*)
Je dois plutôt mourir.

TOUCHEAUPOT.

Madame j'y songeais.

FAGOTINE.

Soutiens-moi, je me meurs.....

TOUCHEAUPOT.

Princesse, du courage.

FAGOTINE.

Ah! Laisse-moi mourir.
(*Elle aperçoit Malinot, jette un cri et tombe évanouie*).

SCÈNE XI.

Les Mêmes, MALINOT.

(*Il est échevelé comme un homme qui sort du combat*).

(*Apercevant Fagotine*).

Que vois-je ?

FAGOTINE.

Ton ouvrage.

MALINOT.

Ma chère Fagotine, ouvre les yeux sur moi,
Et crois que Malinot ne vivra que pour toi....
Elle ne répond pas. Hélas! sur sa figure,
J'entrevois de la mort la funeste peinture.
Dieux ! n'avez-vous permis que je sois le vainqueur,
Que pour me dérober le prix de ma valeur....
Ciel ! Elle va mourir.

BALADIN (*la soutenant*).

Elle en a bien la mine.

MALINOT.

Cher Toucheaupot, cours, vole, et vite à la cuisine;
La bouteille au vinaigre est proche du fourneau;
Et va donc promptement.

TOUCHEAUPOT.

Je ne ferai qu'un saut.

BALADIN.

Je crains bien, qu'en mes bras, la dame ne trépasse;
Ses yeux tournent, Seigneur ? Elle fait la grimace.
Ah ! Si Toucheaupot tarde à lui rendre ce soin,
Fagotine, bientôt, n'en aura plus besoin.

TOUCHEAUPOT.

(*Il tient une bouteille*).

Me voci !

(*Malinot prend du vinaigre, les autres en font autant; ils la débarbouillent*).

FAGOTINE (*revenant à elle*)

Fricotin a donc perdu la vie.

TOUCHEAUPOT.

Il s'est sacrifié : pour que la tragédie
Finisse heureusement, il fallait qu'il mourût.
Que vouliez-vous qu'il fît encore ?

FAGOTINE.

Qu'il vécût.

MALINOT *lui baisant la main.*

Princesse, pardonnez....

FAGOTINE.

Que fais-tu téméraire !
Redoute malheureux, ma trop juste colère.
(*Elle lui prend san couteau*).
Fricotin, ce couteau saura nous réunir.

MALINOT, (*avec douleur*).

Mon amour ! Ma douleur ! ne peuvent l'attendrir !

FAGOTINE.

Je te méprise, ingrat, ton espérance est vaine.
(*Elle se frappe*).
Cela fait trop de mal....Remets-le dans sa gaîne.
Ciel ! Qu'entends-je ! Quel bruit ! Que vois-je ! Un revenant !
(*Les yeux fixés vers la cour*).
Mais oui ! Non, oui ! C'est lui ! Mon cher et tendre amant.
(*S'adressant à Malinot, avec colère*).
Puisse les marmitons et toute la cuisine,
T'embrocher à mes yeux, et venger Fagotine ;
Puissent-ils t'assommer de la cuillère à pot,
Puissé-je voir ton corps....Mais je m'échauffe trop. ..
Et mon emportement passe la raillerie ;
Cela ne rendra point Fricotin à la vie ;
Reprenons mon sang-froid, et cessons mes fureurs ;
Crions un peu moins haut, en comptant mes douleurs.

MALINOT.

Voyez mon repentir, accordez-moi ma grâce.
(*Deux marmitons paraissent à la porte de la cour*).

FAGOTINE.

Que vois-je ?

MALINOT *avec surprise.*

Il vit encor !

FAGOTINE (*allant au devant du brancard*).

Gare donc que je passe.

MALINOT.

J'embrasse vos genoux, princesse.

FAGOTINE.

Lève-toi.

SCÈNE XII ET DERNIÈRE.

Les Mêmes. FRICOTIN sur un brancard, porté par des marmitons.

TOUCHEAUPOT à FAGOTINE.

Il veut, avant sa mort, vous rendre votre foi.

BALADIN.

Il le doit, c'est dans l'ordre.

FAGOTINE.

O spectacle funeste!
O malheuraux amant ! Voyons un peu ta veste.

FRICOTIN (*se soutenant à peine*).

Adieu donc Fagotine, et tous mes compagnons,
Adieu tous pour jamais ne soyons pas grognons;
Adieu chers amis dont j'entends le sanglottage,
Ah ! Je dois supporter mes maux avec courage;
J'ai fait, jusqu'au moment qui me plonge au tombeau,
Expirer des poulets sous ce faible couteau;
Maintenant c'est mon tour, on venge la volaille;
Il faut bien que je parte, et que chacun s'en aille.
(*A Fagotine*).

Dans ces derniers momens approche-toi, Poulot;
Ordonne qu'à l'instant on m'apporte un gigot;
Qu'on se dépêche, hélas! de l'ôter de la broche.
Ah! je sens que je meurs et que ma fin approche.
Je veux faire en partant une belle action :
Mourons, puisqu'il le faut, ... mais d'indigestion.

(*Toucheaupot va pour sortir.*)

FRICOTIN, *l'arrêtant.*

Arrête, Toucheaupot, non, point de nourriture;
Arrête, usons plutôt du temps, car ma blessure
Ne me laisserait pas le loisir de manger;
Je veux encor parler avant de déloger.

MALINOT, *attendri.*

Ah! mon cher Fricotin!

FAGOTINE.

Digne objet de ma flamme!

FRICOTIN.

Laissez-moi donc tout dire avant de rendre l'âme;
En vain vous voudriez retarder ce moment;
La pièce doit finir, il faut un dénouement,
Mourons; de cet arrêt en vain mon cœur soupire.
Ah! plus de Fricotin. Fagotine.... j'expire.

FAGOTINE.

Non!

FRICOTIN.

Si... prends mon mouchoir; tiens, prends mon enfant
Mais console-toi, songe à ton fidèle amant...
Adieu...

FAGOTINE.

Qu'un tel adieu me tourmente et m'afflige!

FRICOTIN.

Il faut nous séparer... Nous séparer! que dis-je?

(*Il se lève de dessus le brancard.*)

(*Avec chaleur.*)

Et je le souffrirais! non, ventrebleu, non, non;
Un tel ordre pour moi, n'est plus qu'une chanson.
Oui, que la mort paraisse, et mes feux, mon courage,
De ma lardoire encor sauront bien faire usage:
Soutenu par l'amour, je puis braver la mort...
Pardon! pour un mourant, je parle un peu trop fort.
Que la mort se présente, et je prends la parole;
Je reconnais ma faute, et je reprends mon rôle.

(*Il se remet sur le brancard.*)

Je renonce humblement à cet honneur nouveau;
Que sert l'ambition sur le bord du tombeau.

BALADIN.

Permettez...

FAGOTINE.

Gardez-vous d'aller le contredire...
Vous pleurez?...

BALADIN, *sanglottant.*

Il le faut, je n'ai plus rien à dire.

FRICOTIN.

Ah! tais-toi, Baladin, mon cœur ne peut souffrir...

BALADIN.

C'est la première fois que je vous vois mourir.

FAGOTINE.

Fricotin, mon ami, tu vas dans l'autre monde:
Afin de m'y trouver, fais quelquefois ta ronde.

FRICOTIN.

Chère Fagotine, ah! je me meurs, je suis mort.

FAGOTINE.

Imitons mon amant, et partageons son sort.
Il a dit vrai; grands dieux! que résoudre et que faire?

(*Elle va pour se frapper.*)

Quoi! l'on ne retient pas une main meurtrière!
Il faut donc me frapper?... Adieu.

(*Elle se frappe.*)

MALINOT.

C'est à mon tour.
Oui, je veux pour jamais m'illustrer en ce jour.
Ils sont bien morts tous deux... j'ai perdu ma maîtresse ;
Ergo, je dois mourir, pour prouver ma tendresse.
(*Il se frappe.*)

BALADIN.

Hélas! puisse ma mort être utile à l'auteur ;
C'est là mon dernier vœu, je me frappe, et je meurs.

TOUCHEAUPOT.

Resterai-je tout seul ?
(*A Baladin mort.*)
Faut-il que je te suive ?

BALADIN, *levant la tête.*

Mais non, c'est inutile.

TOUCHEAUPOT.

Il vaut mieux que je vive.
De ces illustres morts voilà le plus humain :
Je suivrai son conseil. Ce pauvre Baladin,
Malinot, Fricotin, petite Fagotine,
Quel déchet aujourd'hui, tout cela me chagrine ;
Oui, je voudrais mourir, aller les retrouver...
Non, allons prendre un fiacre, et les faire enlever.

FIN.

LE JARDINIER,

OU

CÉCILE ET URBIN,

COMÉDIE-VAUDEVILLE HISTORIQUE

EN UN ACTE,

PAR PROSPER FREDERIC.

« L'étude parmi nous enfante le plaisir. »
Employons bien le temps, il nous faudra mourir.

PARIS,
CHEZ DELAVIGNE, LIBRAIRE,
RUE BOURG-L'ABBÉ, N° 34, PASSAGE DE L'ANCRE;
ET CHEZ LES MARCHANDS DE NOUVEAUTÉS.
1826.

PERSONNAGES.

DUMONT, retiré à la campagne.

BERTEAU, homme de confiance de Dumont.

URBIN, jeune villageois, amant de Cécile.

DOMINIQUE, jardinier, paysan niais-balourd.

CÉCILE, fille de Dumont.

La scène se passe dans un village. Le théâtre représente un site pittoresque. Au premier plan, à gauche du spectateur, est l'extérieur de la maison de Dumont, dont une partie avance sur la scène : une fenêtre fait face au public. A droite est un pavillon parallèle. Dans le fond, un mur traverse le théâtre, et au milieu est une grille : des planches bouchent l'entre-deux de chaque barreau. Au-dessus, et à peu de distance de la grille, on aperçoit un arbre qui est dans le jardin de Dumont.

LE JARDINIER,

OU

CÉCILE ET URBIN.

SCÈNE PREMIÈRE.

DUMONT ET BERTEAU.

DUMONT.

(*Il tient la porte de la grille ouverte, il parle à Berteau qui sort de chez lui.*)

Plus il sera simple, et mieux il me conviendra. J'irai vous rejoindre sur les dix heures; vous m'attendrez. (*Berteau sort; Dumont ferme la grille, revient sur le devant de la scène, et dit*): Ce bon Berteau, c'est bien le plus brave homme que je connaisse. D'après ce qu'il vient de me dire, le jardinier qu'il me procure est bien gauche, bien simple : mais qu'est-ce que cela me fait? pourvu qu'il ait soin de mon jardin, et surtout qu'il ne fasse pas comme Baptiste, mon ancien jardinier, que j'ai été forcé de renvoyer, parce qu'il s'entendait avec ma fille, et introduisait, pendant mon absence et malgré mes ordres, Urbin, jeune villageois de cette commune, qui ne déplaît pas à ma fille. C'est un honnête garçon; mais je ne veux cependant pas qu'ils se voient davantage. Cécile ne respire que fête et danse; elle l'écoute avec trop de plaisir, et elle est trop enfant pour que je songe à la marier; c'est ce que je lui répète tous les jours, et ce qu'elle ne veut pas entendre.

AIR : *Ma belle est la belle des belles.*

Bien jeune est encor ma Cécile ;
Elle ne compte pas seize ans :
La maintenir est difficile,
Depuis qu'elle pense aux amans.
Elle voudrait être en ménage,
N'en connaissant pas les soucis ;
Mais à peine a-t-on atteint l'âge,
Que déjà le cœur est épris.

Urbin est en ce moment près de sa mère qui est dangereusement malade : me voilà tranquille, du moins je l'espère, jusqu'à ce qu'elle soit rétablie. Mais qu'à cela ne tienne, je lui sacrifierais volontiers ma tranquillité, la bonne femme !... J'ai su, en faisant boucher cette grille, empêcher mes étourdis de se voir et de se parler pendant mon absence. Ma fille est une espiègle, et je dois veiller sur sa conduite : je n'ai qu'elle, aussi m'en coûte-t-il de la chagriner... Je fus obligé, lorsque je perdis sa mère, de me retirer dans ce petit domaine, afin de la dérober aux regards des galans de la ville. Hélas ! je ne pensais pas qu'au village elle en trouverait un plus intrépide que tous les autres. Du reste, depuis deux ans que je suis ici, mon fermier et sa femme ont toutes les complaisances possibles pour ma fille, pour moi ; et je vis heureux et content.

AIR : *Du Savetier et du Financier.*

Dans ce pays, dans mon asile,
Entouré de bons villageois,
Ah ! j'y suis bien mieux qu'à la ville :
De bon cœur je chante et je bois. *bis.*
De fair' le bien on n'est pas chiche ;
Un rien semble combler nos vœux. *bis.*
A la ville, on veut être riche ;
Au village, on veut être heureux.

SCÈNE II.

DUMONT, CÉCILE.

CÉCILE.

(*Se jetant dans les bras de son père.*)

Bonjour, mon père!

DUMONT.

Bonjour, ma fille! Tu t'es levée bien tard aujourd'hui.

CÉCILE.

Il y a long-temps que je suis levée. (*A part.*) J'ai resté à la fenêtre qui donne dans le parc, pour voir si je n'apercevrais pas Urbin.

DUMONT.

Qu'as-tu fait depuis ce matin?

CÉCILE.

J'ai bien travaillé : j'ai nettoyé, j'ai rangé partout. (*A part.*) Je n'ai rien fait du tout; mais c'est égal, je ferai cela un autre jour.

DUMONT.

C'est très-bien, ma fille; je suis content. A propos, Berteau m'envoie aujourd'hui un jardinier pour remplacer Baptiste. Je l'attends ce matin; j'espère que tu seras sage, que tu ne joueras pas avec lui, que tu lui laisseras faire son ouvrage, et que tu n'iras pas à chaque instant lui cueillir ses fruits, ou le tourmenter pour avoir des fleurs.

CÉCILE.

Non, mon père.

DUMONT

Tu me le promets?

CÉCILE.

Oui, mon père.

DUMONT.

Vois à quel point tu me réduis : m'obliger à t'enfermer ici comme dans une prison.

CÉCILE.

Tu m'as promis que tu ferais retirer ces planches qui m'empêchent de voir dans la rue, si j'étais un mois sans parler à Urbin. Voilà déjà huit jours de passés.

DUMONT.

Oui, mais huit jours ne font pas un mois.

CÉCILE.

Ils m'ont paru bien longs.... Sais-tu des nouvelles de la mère d'Urbin.

DUMONT.

Ah ! tu t'intéresses à la mère quand tu ne vois pas le fils, n'est-ce pas? Elle va mieux.

CÉCILE, *avec joie,*

Elle va mieux! (*A part.*) Je le verrai bientôt. (*Haut.*) Regarde comme il est bon garçon, Urbin : il ne la quitte pas, il en a bien soin. (*A part.*) Oui, mais il ne vient pas me voir, et je ne suis pas contente.

DUMONT.

Il remplit près d'elle le devoir d'un bon fils ; je l'estime davantage.

CÉCILE.

Et moi, je l'aime. Tu sais qu'il est le fils d'un brave, mort au champ d'honneur : si son père ne lui a pas laissé de fortune, il lui laisse du moins un nom honorable, et s'il prend du service, il ne démentira pas son père ; mais il faut qu'il m'épouse et que je sois sa femme.

DUMONT, *avec intention.*

Je sais qu'Urbin a beaucoup de qualités.

CÉCILE.

Eh bien ! mon père, puisqu'Urbin a des qualités, en le prenant pour mari, j'épouserais un homme de qualité.

DUMONT.

Je consentirais volontiers à vous unir, si tu n'étais pas si jeune : mais il faut attendre encore ; car, enfin, à peine es-tu demoiselle, et déjà tu voudrais être femme.

CÉCILE.

Mais, mon père, j'ai qninze ans et demi ; Urbin dit que c'est le bon âge.

AIR : *On dit que je snis sans malice.*

Sans cesse il parle d'une rose ;
Il la dit fraîche et bien éclose :
Elle pourrait s'épanouir,
Et d'avance il faut la cueillir.
Toi tu dis toujours le contraire.
Urbin toujours saura me plaire....
Urbin dit oui, toi tu dis non :
Je ne sais lequel a raison.

Moi, je suis bien sûre que c'est Urbin : aussi, quand je le verrai, je me propose de lui demander ce que c'est que cette rose dont il me parle toujours.

DUMONT, *à part.*

Elle me tiendrait tête. (*Haut.*) Allons, ma fille, laissons cet entretien, et qu'il ne soit plus question de ce mariage avant un an ; d'ailleurs Urbin n'a rien ; et il faut avant tout qu'il se fasse un état.

CÉCILE, *avec humeur.*

Dans un an ! il y a déjà six mois que tu m'as dit cela pour la première fois ; ainsi tu vois que nous sommes à moitié du terme.

DUMONT.

Oui, mais à une condition.

CÉCILE.

Laquelle ?

DUMONT.

C'est que tu ne verras Urbin que lorsque je le permettrai ; autrement je retarderai encore.

CÉCILE.

Ah ! mon père !

DUMONT.

Je suis sur mes gardes, et toutes les fois que je sortirai, deux bons tours de clef me répondront de ton obéissance. (*Il regarde à sa montre.*) Déjà dix heures! (*A Cécile.*) Mets-toi dans le pavillon, et travaille; il est temps, ce me semble. (*A part.*) Mon jardinier n'arrive pas; cependant je voudrais l'instaler avant que de sortir. Attendons encore.

(*Il entre chez lui, à droite. Cécile est dans le pavillon, près de la fenêtre qui fait face au public.*)

SCÈNE III.

CÉCILE, *seule.*

Quand je dis à mon père que je veux me marier, il ne m'écoute pas. *Dans un an*, ajoute-t-il; *nous verrons cela plus tard.* Moi, je voudrais le voir de suite... (*Avec dépit*) Mais voyez un peu ce vilain Urbin, rester ainsi huit jours sans me voir... Je sais bien qu'il est près de sa mère; mais ce n'est pas une raison, parce qu'elle est malade, pour qu'il me laisse mourir, moi... Je verrai le nigaud que le père Berteau nous envoie pour jardinier. et je saurai bien le faire obéir. Baptiste, il faisait tout ce que je voulais;... aussi nous étions toujours d'accord.

(*On entend chanter.*)

DOMINIQUE, *en dehors.*

Air sans musique.

En revenant d'un jardinet,
Je vis la petite Babet;
Un beau jeune homme la suivait;
Elle chantait, criait, pleurait.
Je lui d'mandis ce qu'elle avait....
J'ai perdu mon p'tit, mon p'tit, mon....
Mon bracelet sur le gazon.

(*On entend frapper.*)

CÉCILE.

On frappe je crois (*Elle sort du pavillon et appelle*)? Mon père ! mon père !

SCÈNE IV.

CÉCILE, DUMONT *sortant de chez lui.*

DUMONT.

Qui est là ?

DOMINIQUE *en dehors.*

C'est moi, monsieu. C'est-ti vous qu'on appelle Démont ?

DUMONT *riant.*

Ah ! ah ! oui, oui, c'est ici. (*Ouvrant.*) Entre mon garçon.

SCÈNE V.

Les Mêmes, DOMINIQUE.

(*Il a un paquet au bout d'un bâton.*)

DOMINIQUE *entrant.*

Monsieu Démont, où qui y a une demoiselle qu'on nomme Civile.

CÉCILE *riant.*

Civile, Démont ; est-il bête?

DUMONT.

Paix, mademoiselle.

DOMINIQUE.

Bonjour, monsieu.

DUMONT.

Bonjour, mon garçon. (*Cécile rit.*)

DOMINIQUE.

C'est-ti mamzelle Civile qui ricau' là ?

DUMONT.

Je m'appelle Dumont, et ma fille, Cécile.

DOMINIQUE.

Pardon, monsieu, si j'vous écorche; mais c'est que voyez-vous....

DUMONT.

Quoi?

DOMINIQUE.

Hé ben, c'est... c'est quand on n' sait point.... on peut ben s' tromper.

CÉCILE *riant.*

Ah! ah! ah!

DOMINIQUE.

Quoi qu'a la? vot' mamzelle. J' suis pourtant point un farceur.

DUMONT, *à Cécile.*

Vas me chercher la clef du jardin.

CÉCILE.

Oui, mon père. (*Elle sort en riant.*)

SCÈNE VI.

DUMONT, DOMINIQUE.

DOMINIQUE.

Dame, mamzelle a rit.... Du moment q'c'est la maison, v'là tout.

DUMONT.

C'est Berteau qui t'envoie?

DOMINIQUE.

Oui, monsieu, me v'là v'nu pour être votre jardinier.

DUMONT.

C'est bien; comment t'appelle-tu?

DOMINIQUE.

Air de Gaspard l'Avisé.

Monsieu, j'm'appelle Dominique,
Et j'viens pour être vot' domestique,

C'est de la part du père Berteau,
Oh! oh! oh! oh!
Vous savez qui je suis? me v'la.
Ah! ah! ah! ah!

DUMONT.

C'est bon.

DOMINIQUE.

Eh ben (*bis*) point d'embarras,
Pis q' vous l' savez, j' n'en parl'rons pas. *bis*.
J'en rest' là
Et oui dà,
Brisons-là,
C'est ben ça. (*bis*.)

Deuxième couplet, même air.

Je vois, je ferai votre affaire,
Et c'est bien comm' l'a dit Gros-Pierre.
J' vois ben q' vous n'êtes pas un nigaud,
Oh! oh! oh! oh!
Moi, vous voirez, que j' suis bon là,
Ah! ah! ah! ah!

DUMONT.

C'est bon.

DOMINIQUE.

Eh ben (*bis*) point d'embarras,
Pis q' vous voirez, j' n'en parl'rons pas. (*bis*.)
J'en rest' là,
Et oui dà,
Brisons-là
C'est ben ça. (*bis*.)

DUMONT *à part*.

Ce que je vois, c'est que Berteau ne m'a pas trompé sur sa simplicité.

DOMINIQUE.

Monsieu, j' vas poser mon paquet là, n'est-ce pas?

DUMONT.

Ce sont tes effets?

DOMINIQUE.

Oui, monsieu, c'est mes habits d' fête. Ah! y n' sont guère plus beaux q'ceux q'j'ai sur moi; mais c'est égal, je n' suis point un seigneur, non plus; et puis quand il y aura huit jours que je s'rai chez vous, si vous êtes content d' moi...

DUMONT.

Eh bien?

DOMINIQUE.

Vous me paierez mon année, et ça fait que j'en aurai d'autres.

DUMONT *à part.*

Il calcule assez bien ses petits intérêts. (*Haut.*) Nous arrangerons tout cela, mon ami, nous arrangerons tout cela.

DOMINIQUE.

Ah! q' oui monsieu.

DUMONT.

Tu sais ce que c'est que le jardinage.

DOMINIQUE.

Oui, monsieu; allez, allez, marchez; j' suis sûr d' vous plaire, car pour l' travail, je n'crains personne.

DUMONT.

C'est ce qu'il me faut; sais-tu te lever du matin? j'aime qu'on soit de bonne heure à l'ouvrage.

DOMINIQUE.

AIR : *Tout ça passe.*

Quand j'ai d' l'ouvrage au jardin,
Ah! jamais je ne sommeille;
Je sais me lever matin,
Et tout y pousse à merveille.
Oignons, ciboules, échalottes,
Malgré la rigueur du temps,
Navets, poireaux et carottes,
Tout ça pousse, *bis.*
Tout ça pousse en même temps.

Oh ! mon Dieu ! n' vous inquiétez point, vous verrez comme ça poussera.

DUMONT.

Tu vas aller dans le jardin. (*Lui montrant l'arbre du dehors, qui se voit au-dessus de la grille.*) Tu vois cet arbre ?

DOMINIQUE.

Oui, monsieu.

DUMONT.

Hé bien, c'est là; il n'y a que la rue à traverser.

DOMINIQUE.

J' m'en y vas, monsieur.

DUMONT.

Ah ! écoute, comme je vais sortir, tu trouveras la clef de la grille chez le fermier ; dans le cas où tu aurais besoin de quelque chose avant mon retour, aie soin surtout de bien la refermer, et de ne laisser entrer personne pendant mon absence; s'il se présentait un jeune homme qui voulût voir ma fille, empêche-le de pénétrer ici, et prends bien garde turtout que Cécile ne lui parle.

DOMINIQUE.

Ah ! oui, j'entends, c'est l'amoureux de mamzelle, et puis vous ne voulez pas...

DUMONT.

J'ai mes raisons.

AIR *du Carnaval de Venise.*

Si je sors il faut être là,
Je ne suis pas sans crainte...
Car ils se trouvent trop heureux,
Quand ils sont tous les deux.
Dans cette circonstance,
Tu défendras mes intérêts.

DOMINIQUE, *à haute voix.*

Sortez sans défiance,
J'aurai l'œil aux aguets.....

C'est qu'elle est ben jolie vot' mamzelle, c'est pourquoi qu'il lui vient d'zamoureux.

(Reprenant le c t.)

Si je suis là,
Quand il viendra,
Ah! n'ayez point de crainte :
J'lui dirai, Monsieu l'Amoureux,
Vous et moi, ça fait deux.

Ah! vous avez ben raison de prendre garde, car tous ces jeunes garçons, ce sont tous enjoleux de filles; tenez, C'est comme moi.

DUMONT.

Comment, comme toi ?

DOMINIQUE.

Non, monsieu, je n' les enjolons point; mais je disions c'est comme moi, parce que voyez-vous, j'aimais la petite Suzette, la fille d' la mère Geneviève. Ah! faut lui rendre justice, alle m'aimait ben aussi de réciproque. Mais v'là ti pas qu'un jour, le fils du père Blaisot lui a donné tout-à-coup dans l'œil; il l'a enjolée, quoi! Et puis, voyez-vous, l'ingratitude de cette petite Suzette, elle m'a pourtant dit après cela qu'elle ne m'aimait pas du tout, et qu'elle m'en ratissait. Quand j'ai vu ça, je me suis fâché tout d' bon; et puis Blaisot m'a mis à la porte. J'ai dit comme ça à part, moi; c'est bon, mamzelle Suzette, vous vous en souviendrez, j'ai quitté le pays..... et puis bon soir.

DUMONT.

Tu n'y penses donc plus!

DOMINIQUE.

Ma foi, il faut ben se consoler; d'ailleurs, il ne manque pas de femmes sur terre.

(*Cécile revient apportant la clef du jardin.*)

CÉCILE.

Mon père, voici la clef que vous m'avez demandée.

DUMONT.

C'est bien, ma fille.

(*Cécile se remet dans le pavillon.*)

DUMONT *à Dominique.*

Tiens, (*il lui donne la clef; ouvrant la grille.*) tu vois la porte en face.

DOMINIQUE.

C'est bon, monsieu.

AIR : *Fille avant le mariage.*

Je vais me mettre à l'ouvrage,
Par ma foi, n'ayez point peur,
Rien n'égale mon courage,
Je suis un homme de cœur;
Si quelqu'amans de Mamzelle
Venaient par ici roder,
Bientôt en valet fidèle
Je le ferais déloger;
N'craignez rien,
Je le mènerais bon train.

DUMONT.

Tu vois aussi la ferme. (*Il lui montre à gauche.*) Tu as passé devant pour venir.

DOMINIQUE.

Oui, monsieu, c'est la ferme qui m'a montré vot' maison.

(*Il prend le panier à son bras, le rateau et la bêche sur son épaule, et sort en chantant le couplet suivant.*)

AIR : *Un vieux mari ma mère.*

Ainsi qu'une fillette,
Par cent détours nouveaux
Arrive au bois seulette,
Pour faire des fagots;

Pour planter la salade,
Moi je vais au jardin
Entonnant la roulade,
Tout le long du chemin.

SCÈNE VII.

DUMONT, CÉCILE *dans le pavillon.*

DUMONT.

Ce garçon est d'une gaîté ! il n'engendrera pas la mélancolie dans ma maison, aussi je crois qu'il fera mon affaire. (*A part avec mystère.*) Tant qu'à ma fille, j'y veillerai moi-même, c'est je crois le plus sûr; elle viendrait facilement à bout de le tromper. Mais à propos, je ne pense pas qu'il est tard, et qu'il faut que j'aille rejoindre Berteau, et faire quelques emplettes.

Air : *Vaudeville du coin de rue.*

Je vais dans le village...

(*Il s'approche, et regarde dans le pavillon.*)

Qu'allais-je faire ! hélas !
Ma fille est à l'ouvrage,
Ne la dérangeons pas.

(*Il ouvre doucement la grille et sort en la fermant pardessus lui. Cécile le regarde faire sans être aperçue.*)

CÉCILE *achevant le couplet.*

Urbin guette mon père,
Il le verra sortir.
Dieu ! comment vais-je faire
Si je ne puis ouvrir?

SCÈNE VIII.

CÉCILE *seule.*

Pendant que mon père était avec le jardinier, moi, j'étais à la fenêtre du parc avant que d'apporter la clef; j'ai vu Urbin, je lui ai fait signe de venir, sachant que mon père devait sortir... Mais à propos, j'ai joliment à le gronder.... *Elle sort du pavillon. Avec sévérite.*) Nous allons savoir, monsieur, pourquoi vous n'avez pas paru depuis huit jours; son excuse sera que mon père lui défend de me parler; mais s'il m'aime comme il le dit, c'est à moi qu'il doit obéir; je lui commande. Mon père ne sait pas ce que c'est qu'une jeune fille; mais moi, je sens bien ce que j'éprouve loin d'Urbin.

AIR : *Ainsi que vous Mademoiselle.*

Urbin, voilà celui que j'aime,
Il m'aime aussi bien tendrement,
Mais pour moi qu'elle joie extrême!
Il me le dit en m'embrassant,
Je me défends, je suis sèvère...
Je sais qu'il recommencera,
Ah! vous devez vous empresser mon père,
De me donner ce joli mari là.

(*Urbin paraît sur le mur du fond.*)

SCÈNE IX.

CECILE, URBIN.

URBIN *sur lemur. Il appelle*

Cécile! Cécile!

CÉCILE.

Ah! te voilà; peux-tu descendre?

URBIN *sautant.*

M'y voilà; je te tiens. (*Il embrasse Cécile.*)

CÉCILE *avec sévérité.*

Laissez, monsieur, je veux vous gronder.

URBIN.

Pourquoi cela? qu'est-ce que j'ai fait?

CÉCILE.

Comment, qu'est-ce que vous avez fait! belle demande!

Pourquoi depuis huit jours vous n'êtes pas venu seulement une seule fois. Je vois bien, monsieur, que vous ne vous occupez plus de moi. Aussi, ce matin, quand je vous aperçus...

AIR *d'Angléina.*

J'étais déjà bien en colère.
Mais pourquoi donc ne viens tu-pas ?

URBIN.

Tu me pardonneras, j'espère ;
Je viens me jeter dans tes bras,
Te revoir; pour moi quelle ivresse.

CÉCILE.

Passe aujourd'hui, je ne dis rien,
Tu me délaisse.

(*Elle parle.*)

Prends garde à toi.

Si tu l'épouse, Urbin,
Cécile se vengera bien.

URBIN.

Allons, ne vas pas me garder rancune, tu sais bien que ton père a fait boucher la grille, il ne nous est plus possible de nous voir. Avant qu'il prît cette précaution, je faisais semblant de passer devant la porte, et quand cela se pouvait, nous causions à travers les barreaux de la grille.

CÉCILE.

Mais qu'as-tu fait depuis ce temps ?

URBIN.

J'ai toujours resté près de ma mère.

CÉCILE.

Sans cette cause là, je t'en voudrais toute ma vie. Mais je te pardonne.

URBIN.

J'en étais sûr d'avance, car je connais ton bon cœur.

CÉCILE.

Mon père m'a dit ce matin qu'elle allait mieux ; cela m'a rassurée.

URBIN.

Air : *Au sein d'une fleur tour à tour.*

Enfin, par mes soins assidus,
De la sauver, j'ai l'espérance,
Le jour, la nuit, n'y comptant plus,
Je la voyais sans connaissance.
Il fallait bien la secourir,
Le temps passe, j'aime ma mère;
Mes soins pouvais-je lui ravir,
Quand son malheur me désespère.

CÉCILE.

Bon Urbin.

URBIN.

Si ton père allait savoir que j'ai passé par dessus le mur, et que j'ai pénétré ici pendant son absence, sais tu que cela n'avancerait pas notre mariage.

CÉCILE.

Mon père... bah! laisse donc, il fait le méchant comme cela, mais c'est par frime.

URBIN.

Tu crois?

CÉCILE.

Sans doute, sitôt que je l'embrasse, sa colère se passe.

URBIN.

Ma chère Cécile, il n'y a que toi qui puisse le faire consentir à notre mariage.

CÉCILE.

Je fais tout ce que je peux ; mais il dit toujours que je suis trop jeune; ça m'ennuie, moi, ça.

URBIN.

C'est un petit malheur ; va, va, s'il n'y a que cet obstacle, et qu'il ait la bonne volonté de nous unir, ce n'est pas cela qui l'empêchera de céder à nos desirs. Tourmente-le bien.

CÉCILE.

C'est ce que je fais tous les jours, mais tu sais bien qu'il a dit dans un an.

URBIN.

Voilà déjà plus de six mois de passés, de la persévérance, il te cédera avant la fin de l'année.

Air : *Du pot de fleurs*.

Bientôt près d'un juge inflexible,
Cécile obtiendra tout je crois.
Pourrait-il rester insensible ?
C'est l'amour qui plaide pour moi ;
Et sans médire de la chose,
Des femmes moins belles que toi,
Près de leurs juges va, crois-moi,
Ont su gagner plus d'une cause.

CÉCILE.

Urbin, te rappelles-tu, il y a un an, comme tu me faisais danser souvent.

URBIN.

Ton père ne nous disait rien dans ce temps-là; mais patience, c'est bientôt la Saint-Jean, la fête de ce village ; ce jour-là nous nous en donnerons, nous récompenserons le temps perdu, pendant deux jours que durera la fête.

CÉCILE.

Oui, mais j'espère bien que cette année tu ne danseras pas avec Jeannette, la fille du fermier, c'est sa fête ce jour-là, mais tant pis pour elle.

URBIN.

Non, cette année, comme toutes les autres à venir, je ne danserai plus qu'avec toi, et je ne te laisserai pas passer une seule danse. J'ai dansé l'année dernière avec la petite Jeannette, c'était pour te faire une niche ; tu sais bien que nous étions fachés, et que nous nous boudions.

Oui, mais moi, pour te faire enrager, j'ai dansé avec ce gros joufflu de Pierre. Urbin, ne boudons jamais, cela n'est pas amusant.

URBIN.

Berteau te conduisit aussi à la fête du village voisin, l'année dernière; j'allai t'y retrouver, et nous dansâmes ensemble tout le temps que la fête dura; mais cette année, je suis bien sûre que ton père ne le permettra pas.

CÉCILE.

C'est égal, tu tâcheras de venir me voir, et ça me consolera.

URBIN.

Ton père pourrait bien revenir, tu vas me donner un baiser, et je vais me sauver.

CÉCILE.

Oh! non, je n'embrasse pas comme cela les hommes, tu m'en as déjà pris un en arrivant, c'est assez.

URBIN.

Qu'est-ce que cela fait, un que je t'ai pris, et un que tu vas me donner, ça fera deux.

(*Il va pour embrasser Cécile.*)

CÉCILE.

Non pas, non pas; je veux bien que tu m'embrasses, mais je ne veux pas t'embrasser, moi, parce que c'est mal à une demoiselle d'embrasser les garçons, c'est déjà beaucoup que de m'embrasser dix fois sans que je le veuille.

URBIN.

(*Il la poursuit et la fait asseoir sur le banc près du pavillon.*)

Je t'embrasse, tu m'embrasses aussi, et c'est ce qu'on appelle rendre amour pour amour.

(*Ils sont assis tous les deux.*)

URBIN.

Air du Petit Chaperon rouge

Que je me plais dans cet asile,
Approche-toi, chère Cécile ;
Et vite donne moi ta main,
Je suis Urbin. (*bis.*) *Il l'embrasse*
Que nous serions heureux je gage,
Si nous étions dans not' ménage.

CÉCILE.

Tu m' f'rais danser. (*bis.*)
La nuït je te vois dans un songe,
Et si mon sommeil se prolonge,
Malgré mon père, en te donnant ma foi,
Toute la nuit je danse avec toi.

Deuxième couplet, même air.

Mon père, refuse et moi j'enrage,
Je voudrais me voir en ménage,
Pourquoi ne pas serrer nos nœuds,
C'est ennuyeux (*bis.*)
Je perd patience et courage,
On danse un jour de mariage,
On est heureux. (*bis.*)

URBIN.

Un jour viendra, chère Cécile,
Ton père sera plus facile,
En attendant tu penseras à moi.

CÉCILE.

Le jour, la nuit, je ne vois que toi.

(*Onze heures sonnent.*)

URBIN.

Onze heures, je me sauve.

(*On entend chanter Dominique en dehors.*)

Air sans musique.

Oui beauté farouche,
Apprivoisez-vous,

Si mon cœur vous touche,
Ce sera bien doux,
Si j'ai sur vous du pouvoir,
Faites le savoir :
Il faut être stable,
Quand on est aimable.

CÉCILE à URBAIN.

C'est le nouveau jardinier, cache-toi dans le pavillon, je vais l'éloigner.

(*On apperçoit Dominique sur l'arbre du fond*)

SCÈNE X.

CÈCILE, URBIN *dans le pavillon, et Dominique en dehors, sur l'arbre.*

DOMINIQUE à CÉCILE.

Dites donc mam'zelle, c'est-t'i l'heure du dîner qui vient de sonner là ?

CÉCILE.

Il faut attendre mon père qui ne reviendra que dans une heure.

DOMINIQUE.

J'n'en s'rons point faché du tout, voyez-vous. Dame, c'est q'la route m'a donné appétit. (*Il fait voir un bouquet qu'il tient à sa main*). Dites donc, voulez-vous mam'zelle ?

CÉCILE.

Qu'est-ce que c'est ?

DOMINIQUE.

Approchez, vous allez voir.

(*Cécile regarde*).

DOMINIQUE.

AIR : *Vaudeville de la Belle Fermière.*

T'nez mamzelle v'là un bouquet,
Voyez l'œillet, et puis la rose,
Au corset ça fera d'l'effet;
S'tapendant, ça n'est point grand'chose,

Vous êtes ben plus belle, oui dà.
Approchez que j'vous jett' ça,
Mais ne l'dites pas à vot' papa,
Car il faut que j'vous cultive...

Il aperçoit de loin M. Dumont, et achève tout bas le couplet en se vautrant dans l'arbre.

Ah! mon Dieu! le v'là qu'il arrive.

CÉCILE à URBIN.

Comment allons nous faire? voilà mon père.

(*Urbin sort du pavillon, il cherche à remonter du côté où il est entré, mais il ne peut y parvenir; il vient à la grille qu'il parvient à ouvrir, il fait un pas dehors, et rentre aussitôt, il laisse la grille ouverte, et court au pavillon. Cécile rentre chez elle. Dominique n'ose descendre de l'arbre, chacun est dans le plus grand embarras. Dumont et Berteau paraissent à la grille.*

SCÈNE XI.

DUMONT, BERTEAU.

DUMONT bas à BERTEAU.

Comment se fait-il que mon nouveau jardinier offre des roses à ma fille?

BERTEAU.

Tout ceci cache un mystère, et je crains bien que vous ne trouviez plus de monde que vous n'en avez laissé.

DUMONT.

Jusqu'à présent je ne vois personne.

BERTEAU.

On a disparu à notre arrivée.

DUMONT.

AIR *de la valse du Pauvre Diable.*

J'arrive ici, je vois la grille ouverte,
Dieu qu'ai-je vu? qu'ai-je donc entendu?
Encor pour moi nouvelle découverte,
Et tout le monde est ici confondu.

(*Après un moment de silence*)

BERTEAU.

Personne ne bouge.

DUMONT.

De tout ceci je pénètre les causes,
En mon absence, Urbin vient en ces lieux.
Mon jardinier dispose de mes roses;
Comment, sitôt ils s'entendent tous deux?

(*Dominique est sur l'arbre, Urbin dans le pavillon, à la fenêtre qui fait face au public. Cécile est de l'autre côté.*)

DUMONT.

J'arrive ici, je vois la grille ouverte, etc.

BERTEAU.

Nous arrivons et la grille est ouverte,
Qu'avons nous vu? qu'avons nous entendu?
Encor pour vous nouvelle découverte,
Et tout le monde est ici confondu.

DOMINIQUE, URBAIN: CÉCILE.

Voilà mon/son père et la grille est ouverte,
Où se cacher? il a tout entendu;
Encor pour lui nouvelle découverte,
Tout est perdu, sans doute il m'aura vu.

(*Dominique disparaît de l'arbre, Cécile se retire de la croisée, et Urbin se cache dans le fond du pavillon.*)

DUMONT *à Berteau.*

Comment ma fille a-t-elle pu ouvrir à Urbin? j'avais cependant bien fermé la grille; j'ai trouvé la clef chez le fermier, personne donc n'est allé la reprendre depuis que je suis sorti.

BERTEAU.

Vous n'aurez sans doute fait qu'un tour, et vous savez qu'on peut l'ouvrir, surtout en-dedans.

DUMONT.

Je crois que je ferai mieux d'en finir, si je veux être tranquille il faut absolument marier mon étourdie de fille.

BERTEAU.

Ce serait, je crois, le plus court parti à prendre ; quand une fois le cœur parle, on n'écoute plus les parens.

DUMONT.

Je veux cependant leur donner une leçon.

BERTEAU.

Soins superflus, ils ne vous écouteront pas.

DUMONT.

Ce n'est pas l'embarras, il y a long-temps que ma fille en est là ; elle a pris sur moi un empire...

BERTEAU.

Tenez Urbin est un brave garçon, croyez-moi, unissez-les. Sa famille n'est pas riche, mais elle est respectable ; il aime votre fille; votre fille ne le voit pas avec indifférence, ils seront tous deux près de vous, et vous serez témoin de leur bonheur.

DUMONT.

J'entends du bruit de ce côté. (*L'endroit où est Cécile.*)

BERTEAU.

Voyons un peu. (*Il ouvre la porte.*)

CÉCILE *sortant toute troublée.*

Mon père !

(*Un bruit se fait entendre dans le pavillan.*)

DUMONT *à Cécile.*

Qui est dans le pavillon ?

CÉCILE *hésitant.*

Mon père... c'est...

BERTEAU.

C'est...

CÉCILE *avec timidité*

Le jardinier... je crois...

BERTEAU *à Dumont.*

Ce n'est pas celui que je vous ai procuré.

DUMONT *à Cécile.*

Es-tu bien sûre que ce soit le jardinier ? Pourquoi ai-je trouvé la grille ouverte ? Cécile ne me trompez pas...

CÉCILE.

Mon père, il y a si long-temps que je n'avais vu Urbin.

DUMONT *à part.*

Nous y voïlà. (*Haut.*) Je le crois bien, il y a huit jours que je vous ai surpris encore ensemble à pareille heure.

CÉCILE.

Mon père, Urbin est si bon garçon. Tu le disais encore ce matin.

DUMONT.

De tous les jeunes gens que tu as vus au village, c'est donc celui que tu préfères ?

CÉCILE.

Oui, mon père.

BERTEAU, *allant au pavillon.*

Urbin ! Urbin!

(*Urbain paraît et va se jeter aux genoux de Dumont*).

DUMONT *à Cécile.*

Je voulais te punir, (*A Urbin.*) et vous, monsieur, vous chasser pour jamais de ma maison.

URBIN *avec embarras.*

Ah ! je suis bien coupable...

DUMONT.

Voyez jusqu'à quel point va ma bonté, non-seulement je vous pardonne ; mais encore je vous donne ma fille.

URBIN.

Ah ! monsieur Dumont, comment vous prouver ma reconnaissance ?

DUMONT.

En la rendant heureuse.

URBIN, *passant du côté de Cécile.*

Je sacrifierai tout pour elle.

Air du vaudeville de Turenne.

A tout aujourd'hui je m'engage,
Pour le bonheur et pour la paix,
Je veux que notre mariage
Soit pour elle remplit d'attraits.
Elle forme de douces chaînes,
Je saurai combler ses désirs ;
Pour elle seront les plaisirs ;
Moi, je me chargerai des peines.

CÉCILE, *à Dumont, avec joie.*

Tu nous maries aujourd'hui.

DUMONT.

Non.

CÉCILE, *calmant sa gaîté.*

Quand donc ?

DUMONT.

Demain... tu attendras bien jusque-là, j'espère.

CÉCILE, *se rassurant.*

Oui, mon père, à présent que je sais le jour.

(*Elle prend Urbin par le bras, et le fait danser.*)

BERTEAU, *se plaçant au milieu d'eux.*

C'est ça, mes enfans, donnez-vous-en pendant que vous êtes jeunes.

Air du vaudeville de l'Ecu de six francs.

Je m'rappelle défunt ma femme,
Comm' nous dansions, avec plaisir,
Ça s' passe, j' vous l' dis sur mon âme,
Lorsque l'on commence à vieillir;
Puisque le plaisir vous engage,
Profitez du temps des Amours,
Vous ne danserez pas toujours,
Lorsque vous serez en ménage.

CECILE.

On danse le dimanche, au moins, si l'on ne danse pas les autres jours.

BERTEAU, *à Urbin.*

Sois toujours à ton poste, crois-moi; car voilà une petite gaillarde qui t'en ferait....

URBIN, *prenant le bras de Cécile.*

Nous ne nous quitterons plus

BERTEAU.

Tu feras bien,

AIR : *Ne vois-tu pas jeune imprudent!*

Un mari manque à son devoir,
Un soldat manque à son service,
Ils sont punis sans le vouloir,
Et pour eux l'on fait l'exercice.
Ailleurs on fait charivari,
Ici, jamais on ne riposte;
Un bon militaire, un mari...
Ne doit jamais quitter son poste.

DUMONT.

Allons, je vois que tout cela s'arrangera.

VAUDEVILLE.

AIR : *Non, jamais, jamais.*

C'est demain, (*ter.*)
Que tu seras sa compagne,
Et pour mari, c'est demain,
Que je te donne Urbin.

(*Dominique paraît à la grille, et reste à écouter.*

EN CHŒUR.

C'est demain, etc.

DUMONT.

Aujourd'hui, pour faire la noce,
Invitons nos bons villageois,
Au village point de carrosse,
Mais on danse au son du hautbois.
Demain jour d'hyménée,
Nous boirons le muscat,
Finissons la journée
En signant le contrat.

EN CHŒUR.

C'est demain,
Qu'elle sera sa compagne,
A demain,
La noce et le festin.

CÉCILE.

Oui demain, je serai ta femme :
Mon père, je n'aime que lui.
Urbin tu partages ma flâmme,
Si demain était aujourd'hui!

BERTEAU.

Demain la matinée,
On boira, mangera,

CECILE.

Mais toute la soirée,
Alors on dansera.

CHŒUR.

C'est demain, etc.

URBIN, *à Cécile.*

Te voilà ma petite femme,
Je pourrai te parler toujours,
Quel plaisir je sens dans mon âme,
Nous n'emploierons plus de détours ;

Et pour moi quelle ivresse,
Puisque tu m'appartiens :
Nous pourrons donc sans cesse
Avoir des entretiens.

CHŒUR.

C'est demain, etc.

DOMINIQUE, *s'avançant, à Dumont.*

Monsieur, moi je suis du village,
Vous invitez les villageois,
Là haut vous vîtes mon visage,
Mais tout est arrangé ; je vois
Une cérémonie,
Allons, plus de tintoin :
Puisq' mamzell' se marie,
Monsieur en aura soin.

CHŒUR.

C'est demain, atc.

CECILE, *au public.*

Messieurs, je vois bien le parterre,
Mais puis-je y cueillir une fleur,
Quelques bravos, c'est l'ordinaire,
Voilà les roses d'un Auteur,
Et le notre s'apprête,
A venir au banquet,
Pour qu'il soit de la fête,
Il lui faut un bouquet.

CHŒUR, *au public.*

C'est demain,
Qu'on fait le repas de noce,
Messieurs, revenez demain,
Vous serez du festin.

N.

www.ingramcontent.com/pod-product-compliance
Lightning Source LLC
LaVergne TN
LVHW050431160826
845677LV00002BA/661

* 9 7 8 2 3 2 9 6 8 1 4 8 1 *